AF194014

Impressum
Verlag: BABADADA GmbH, Nedderfeld 112 , 22529 Hamburg
Geschäftsführer / Verlagsleitung: Harald Hof
Druck: Books on Demand GmbH, In de Tarpen 42, 22848 Norderstedt

Imprint
Publisher: BABADADA GmbH, Nedderfeld 112 , 22529 Hamburg, Germany
Managing Director / Publishing direction: Harald Hof
Print: Books on Demand GmbH, In de Tarpen 42, 22848 Norderstedt, Germany

School

iskola

Klassenstuuv
osztályterem

delen
oszt

186/2

Tafel
asztal

Schoolhoff
iskolaudvar

Schoolmeester
tanár

Papeer
papír

schrieven
írni

Sticken
toll

Schrievdisch
íróasztal

Lienholt
vonalzó

Book
könyv

Schöler
tanuló

Ranzel

iskolatáska

Feddermapp

tolltartó

Bleesticken

ceruza

Scharpmaker

ceruzahegyező

Radeergummi

radír

Tekenblock

rajzfüzet

Teken

rajz

Pinsel

ecset

Malkassen

festőkészlet

Scheer

olló

Klever

ragasztó

Heft to'n Öven

munkafüzet

Huusopgaav

házi feladat

Tall

szám

tohooptellen

összead

aftrecken

kivon

malnehmen

szoroz

reken

számol

Bookstaav

betű

ABC

ABC

Woort

szó

Text

szöveg

lesen

olvasni

Kried

kréta

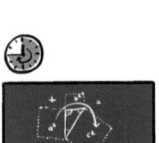

Stunn

tanóra

Klassenbook

napló

Pröven

vizsga

Tüügnis

bizonyítvány

Schooluniform

iskolai egyenruha

Utbillen

oktatás

Nakieksel

enciklopédia

Universität

egyetem

Mikroskop

mikroszkóp

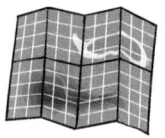

Koort

térkép

Papeerkorf

papír-hulladék gyűjtő

Törn
utazás

Hotel
hotel
Grand
Harbarg
szállás
ROOMS
Wesselstuuv
valutaváltó iroda
EXCHANGE
Kuffer
bőrönd
Auto
autó

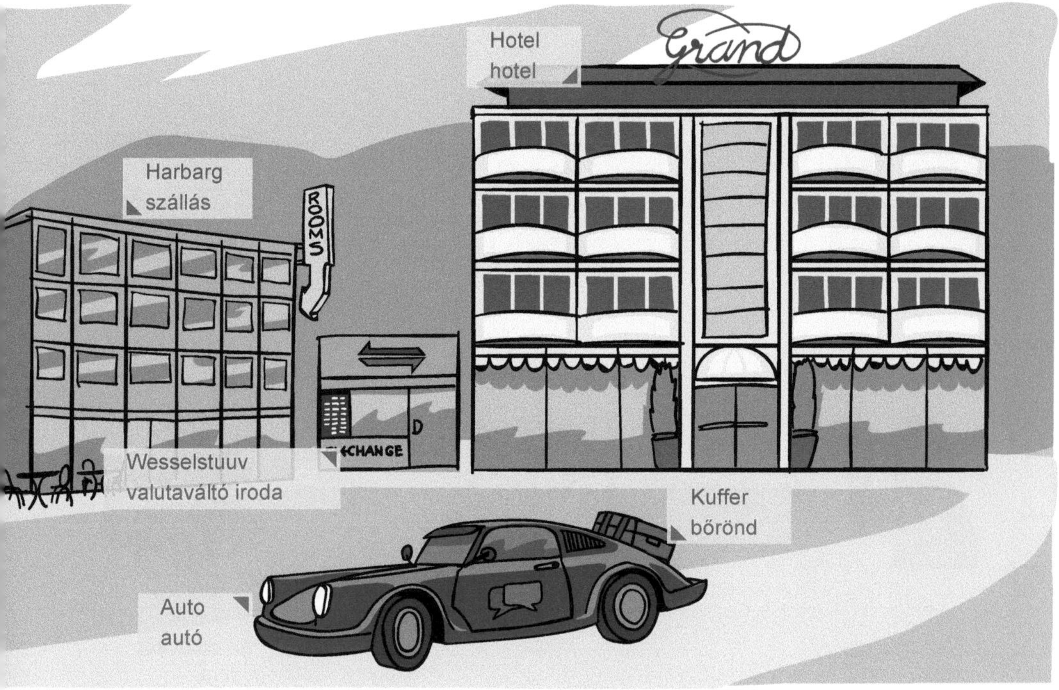

Spraak

nyelv

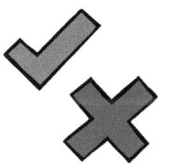

jo / ne

igen/nem

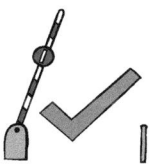

Jo

rendben

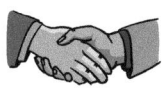

Moin

szia

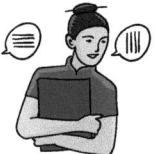

Översetter

fordító

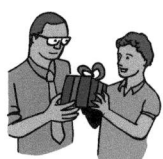

Dank ok

köszönöm

Wat kost...?

mennyibe kerül...?

Ik verstah nich

nem értem

Problem

probléma

Goden Avend

Jó estét!

Moin!

jó reggelt!

Gode Nacht!

jó éjszakát!

Tschüüs

viszontlátásra

Richt

útirány

Bagaasch

poggyász

Tasch

táska

Rüchsack

hátizsák

Gast

vendég

Stuuv

szoba

Slaapsack

hálózsák

Telt

sátor

Touristeninformatschoon

turista információ

Strand

strand

Kreditkoort

hitelkártya

Fröhstück

reggeli

Meddageten

ebéd

Avendeten

vacsora

Fohrkort

jegy

Fohrstohl

lift

Breefmark

bélyeg

Grenz

határ

Toll

vám

Bottschop

nagykövetség

Visum

vízum

Pass

útlevél

Transport
közlekedés

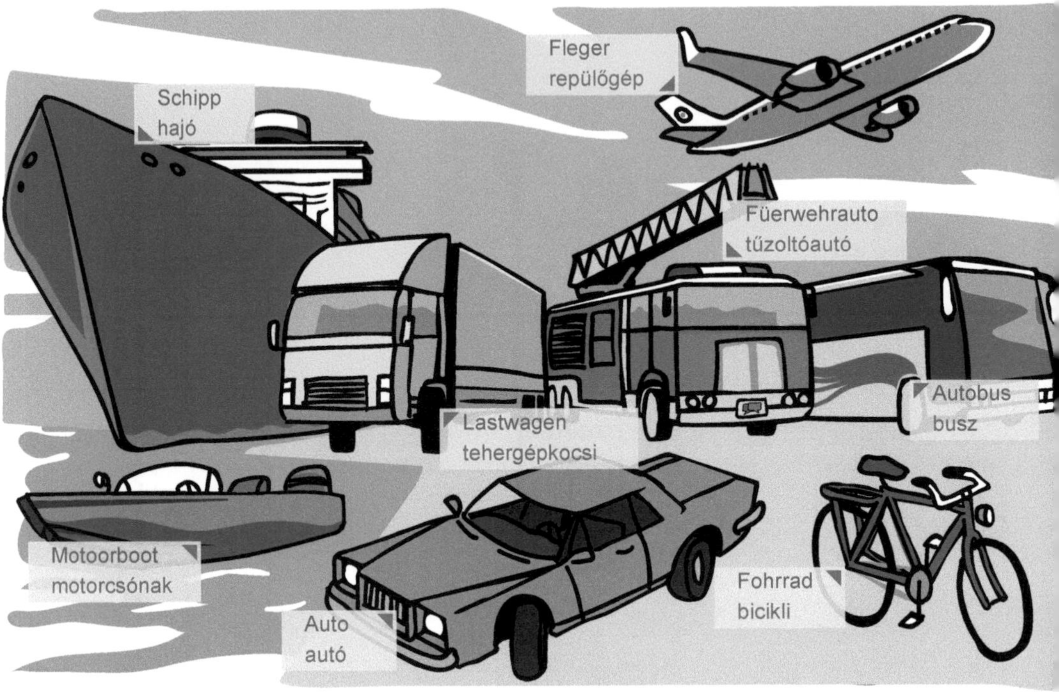

Fleger
repülőgép
Schipp
hajó
Füerwehrauto
tűzoltóautó
Autobus
busz
Lastwagen
tehergépkocsi
Motoorboot
motorcsónak
Fohrrad
bicikli
Auto
autó

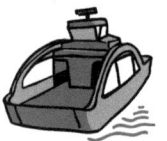

Fähr

komp

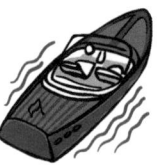

Boot

csónak

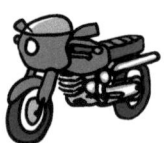

Motoorrad

motorkerékpár

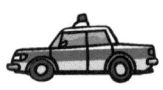

Polizeiauto

rendőrautó

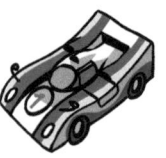

Rönnauto

versenyautó

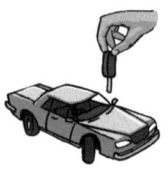

Lehnwagen

bérautó

Carsharing

telekocsi

Afsleepwagen

vontató

Müllauto

szemetes autó

Motoor

motor

Kraftstoff

üzemanyag

Tanksteed

benzinkút

Verkehrsschild

közlekedési tábla

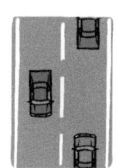

Verkehr

forgalom

Stau

forgalmi dugó

Afstellplatz

parkoló

Bahnhoff

vonatállomás

Sporen

sínek

Tog

vonat

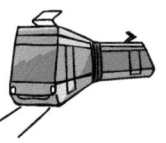

Stratenbahn

villamos

Wagon

vagon

Dwarsmöhl

helikopter

Flooghaven

repülőtér

Tower

torony

Fohrgast

utas

Grootkist

konténer

Karton

kartondoboz

Koor

taliga

Korf

kosár

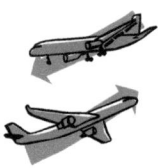

starten / lannen

felszáll / leszáll

Stadt

város

Dörp

falu

Binnenstadt

városközpont

Huus

ház

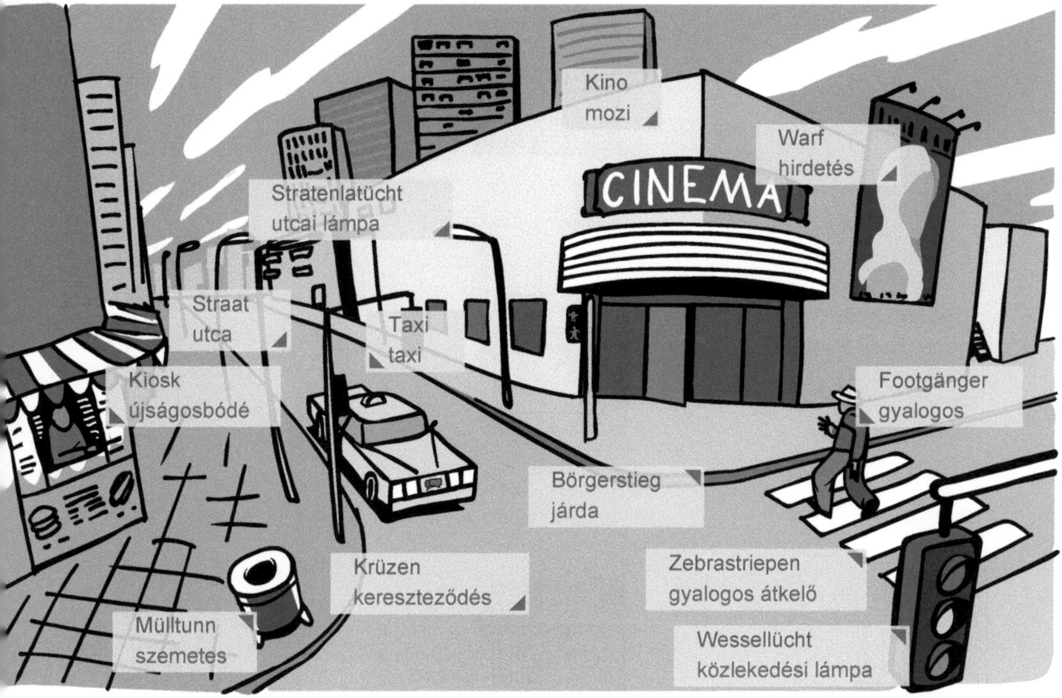
Kino
mozi
Warf
hirdetés
CINEMA
Stratenlatücht
utcai lámpa
Straat
utca
Taxi
taxi
Kiosk
újságosbódé
Footgänger
gyalogos
Börgerstieg
járda
Krüzen
kereszteződés
Zebrastriepen
gyalogos átkelő
Mülltunn
szemetes
Wessellücht
közlekedési lámpa

Hütt

kunyhó

Wahnung

lakás

Bahnhoff

vonatállomás

Raathuus

városháza

MUSEUM

Museum

múzeum

School

iskola

Universität

egyetem

Bank

bank

Krankenhuus

kórház

Hotel

hotel

Afteek

gyógyszertár

Büro

iroda

Bookhökerie

könyvesbolt

Hökerie

üzlet

Blomenhökerie

virágüzlet

Supermarkt

szupermarket

Markt

piac

Koophuus

áruház

Fischhökerie

halárus

Inkoopszentrum

bevásárló központ

Haven

kikötő

Parkanlaag

park

Bank

pad

Brüch

híd

Trepp

lépcső

Ünnergrundbahn

metró

Tunnel

alagút

Busstoppsteed

buszmegálló

Bar

bár

Spieslokal

étterem

Breefkassen

postaláda

Stratenschild

utcatábla

Parkklock

parkoló óra

Deertenpark

állatkert

Baadanstalt

uszoda

Moschee

mecset

Buernhoff

gazdálkodás

Ümweltversmudden

környezetszennyezés

Karkhoff

temető

Kark

templom

Speelplatz

játszótér

Tempel

szentély

Landschop
táj

Blatt
levél

Wiespahl
útjelző tábla

Weg
út

Wisch
rét

Steen
kő

Wannerer
túrázó

Boom
fa

Fluss
folyó

Gras
fű

Bloom
virág

Daal

völgy

Barg

domb

See

tó

Holt

erdő

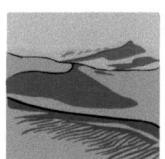

Wööst

sivatag

Füerspien Barg

vulkán

Slott

kastély

Regenbagen

szivárvány

Poggenstohl

gomba

Palm

pálmafa

Steekmück

szúnyog

Fleeg

légy

Miegeemk

hangya

Imm

méhecske

Spinn

pók

Sebber

bogár

Pogg

béka

Katteker

mókus

Swienegel

sündisznó

Haas

nyúl

Uul

bagoly

Vagel

madár

Swaan

hattyú

Wildswien

vaddisznó

Hirsch

szarvas

Elk

rénszarvas

Staudamm

gát

Windrad

szélturbina

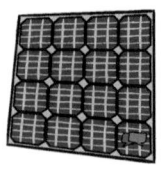

Solarmodul

napelem

Klima

éghajlat

Spieslokal
étterem

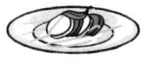

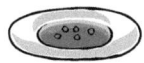

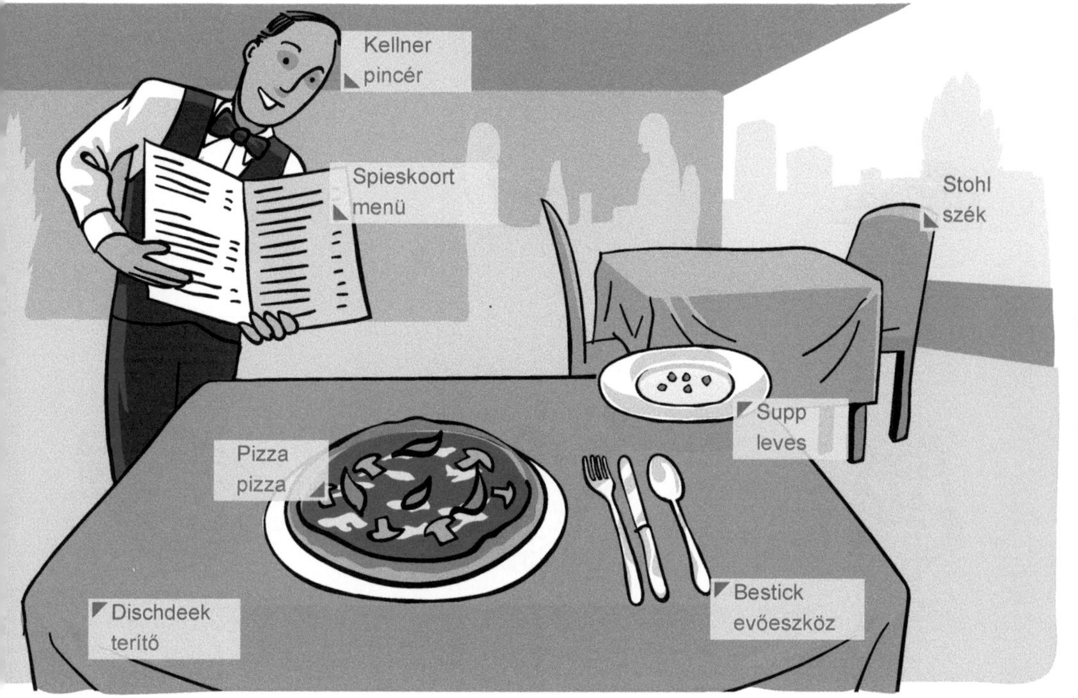

Kellner
pincér
Spieskoort
menü
Stohl
szék
Supp
leves
Pizza
pizza
Bestick
evőeszköz
Dischdeek
terítő

Vörspies

előétel

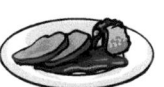

Haupteten

főétel

Nadisch

desszert

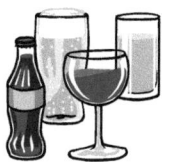

Drünk

italok

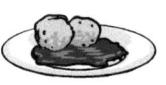

Eten

étel

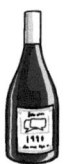

Buddel

üveg

Fastfood

gyorsétel

Strateneten

gyorsétel

Teekann

teás kanna

Zuckerdoos

cukortartó

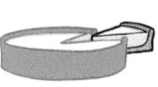

Portschoon

adag

Espressomaschien

eszpresszógép

Hoochstohl

bárszék

Reken

számla

Tablett

tálca

Mess

kés

Gavel

villa

Lepel

kanál

Teelepel

teáskanál

Munddook

szalvéta

Glas

pohár

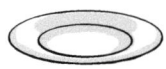

Töller

tányér

Suppentöller

leveses tányér

Ünnertass

csészealj

Sooß

szósz

Soltstreuer

sószóró

Pepermöhl

borsőrlő

Etig

ecet

Ööl

étkezési olaj

Krüder

fűszerek

Ketchup

ketchup

Mostrich

mustár

Mayonnaise

majonéz

Supermarkt
szupermarket

Anbott
különleges ajánlat
FOR
Kunn
ügyfél
Melkprodukten
tejtermék
Aaft
gyümölcsök
Inkoopswagen
bevásárló kocsi

BUTCHERS

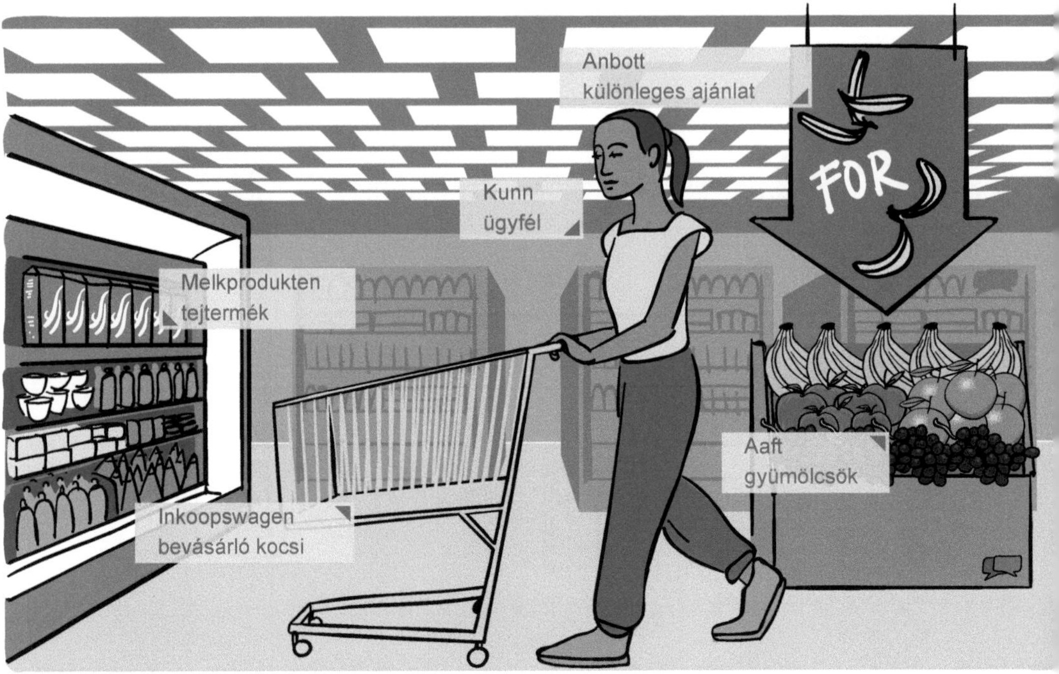

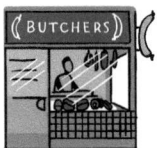

Slachterie

hentes

BAKERY

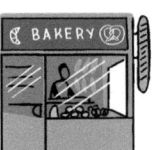

Bäckerie

pékség

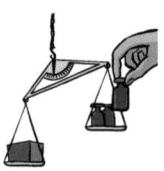

wegen

nyom valamennyit

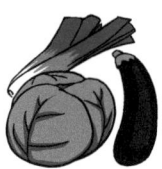

Gröönsaken

zöldség

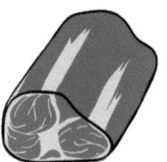

Fleesch

hús

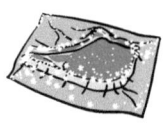

Deepköhlkost

fagyasztott áru

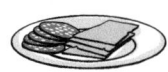

Opsnitt

felvágott

Konserven

konzerv

Waschmiddel

mosópor

Snoopkraam

édességek

Huushooltssaken

háztartási termék

Reinmaaktüüch

tisztítószerek

Verköpersche

eladó

Kass

pénztárgép

Kasserer

eladó

Inkoopslist

bevásárló lista

Opsparrtieden

nyitva tartás

Breeftasch

levéltárca

Kreditkoort

hitelkártya

Tasch

zacskó

Plastiktüüt

műanyag zacskó

Drünk

italok

Water

víz

Saft

gyümölcslé

Melk

tej

Cola

kóla

Wien

bor

Beer

sör

Spriet

alkohol

Kakao

kakaó

Tee

tea

Koffie

kávé

Espresso

eszpresszó

Cappucino

kapucsínó

Banaan

banán

Appel

alma

Appelsien

narancs

Meloon

sárgadinnye

Zitroon

citrom

Wöttel

sárgarépa

Knuuvlook

fokhagyma

Bambus

bambusz

Zibbel

hagyma

Poggenstohl

gomba

Nööt

magvak

Nudeln

nokedli

Spaghetti

spagetti

Ries

rizs

Salat

saláta

Pommes frites

sült krumpli

Braadkantüffeln

sült burgonya

Pizza

pizza

Hamborger

hamburger

Sandwich

szendvics

Snitzel

hússzelet

Schinken

sonka

Salami

szalámi

Wust

kolbász

Hohn

csirke

Braden

pecsenye

Fisch

hal

Haverflocken

zabkása

Müsli

müzli

Cornflakes

kukoricapehely

Mehl

liszt

Croissant

croissant

Rundstück

zsemle

Broot

kenyér

Toast

pirítós kenyér

Keksen

keksz

Botter

vaj

Quark

túró

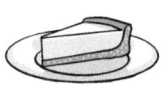

Koken

sütemény

Ei

tojás

Spegelei

tükörtojás

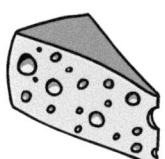

Kees

sajt

les
....
jégkrém

Zucker
....
cukor

Honnig
....
méz

Marmelaad
....
lekvár

Nougat-Creme
....
mogyorókrém

Curry
....
curry

Buernhoff
gazdálkodás

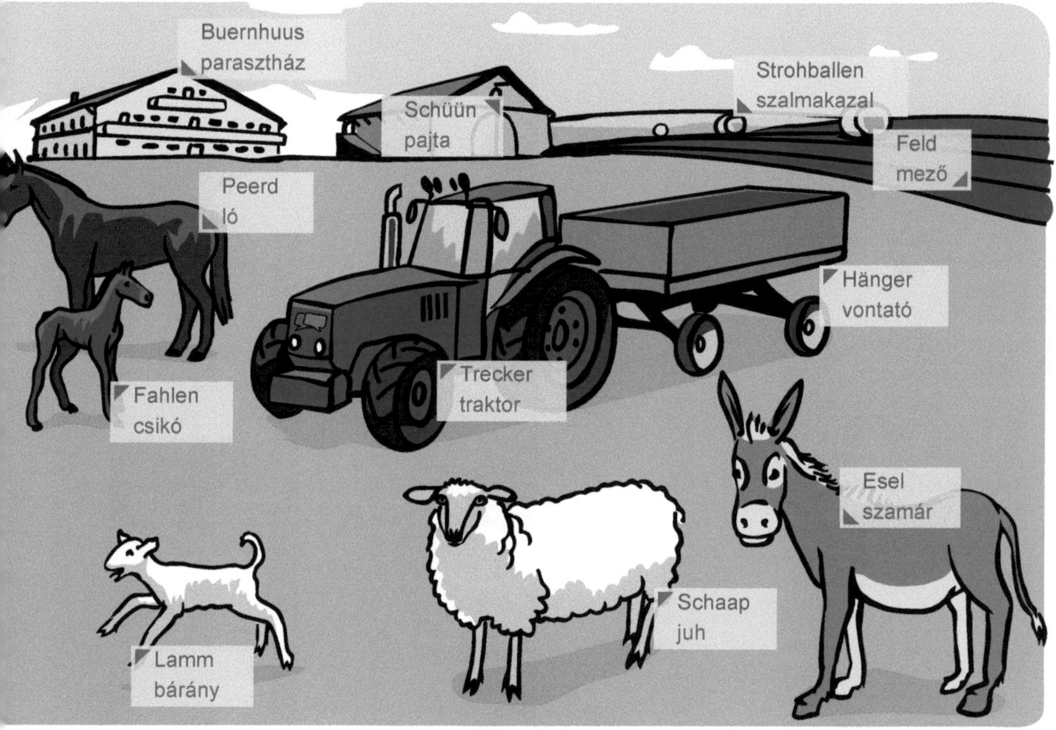
Buernhuus
parasztház
Schüün
pajta
Strohballen
szalmakazal
Feld
mező
Peerd
ló
Hänger
vontató
Trecker
traktor
Fahlen
csikó
Esel
szamár
Schaap
juh
Lamm
bárány

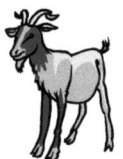

Zeeg
....
kecske

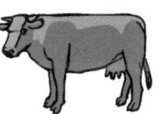

Koh
....
tehén

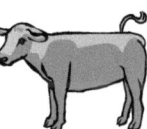

Kalf
....
borjú

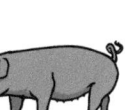

Swien
....
malac

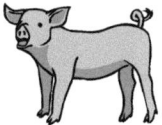

Farken
....
kismalac

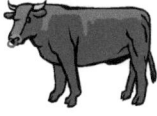

Bull
....
bika

Goos

liba

Aant

kacsa

Küken

csibe

Hohn

tojó

Hahn

kakas

Rott

patkány

Katt

macska

Muus

egér

Oss

ökör

Hund

kutya

Hunnenhütt

kutyaház

Goornslauch

kerti öntözőcső

Geetkann

öntözőkanna

Lee

kasza

Ploog

eke

Sich

sarló

Hack

kapa

Mestfork

vasvilla

Ext

fejsze

Schuufkoor

talicska

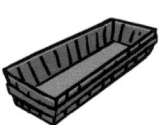

Trog

teknő

Melkkann

tejes kancsó

Sack

zsák

Tuun

kerítés

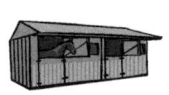

Stall

istálló

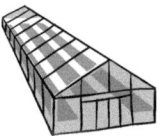

Drievhuus

üvegház

Bodden

talaj

Saat

vetőmag

Dünger

trágya

Meihdöscher

cséplőgép

oornen

szüretelni

Oorn

betakarítás

Yamswöttel

yamgyökér

Weten

búza

Soja

szója

Kantüffel

burgonya

Törksche Weten

kukorica

Rapp

repcemag

Aaftboom

gyümölcsfa

Troopsch Kantüffel

manióka

Koorn

gabona

Huus
ház

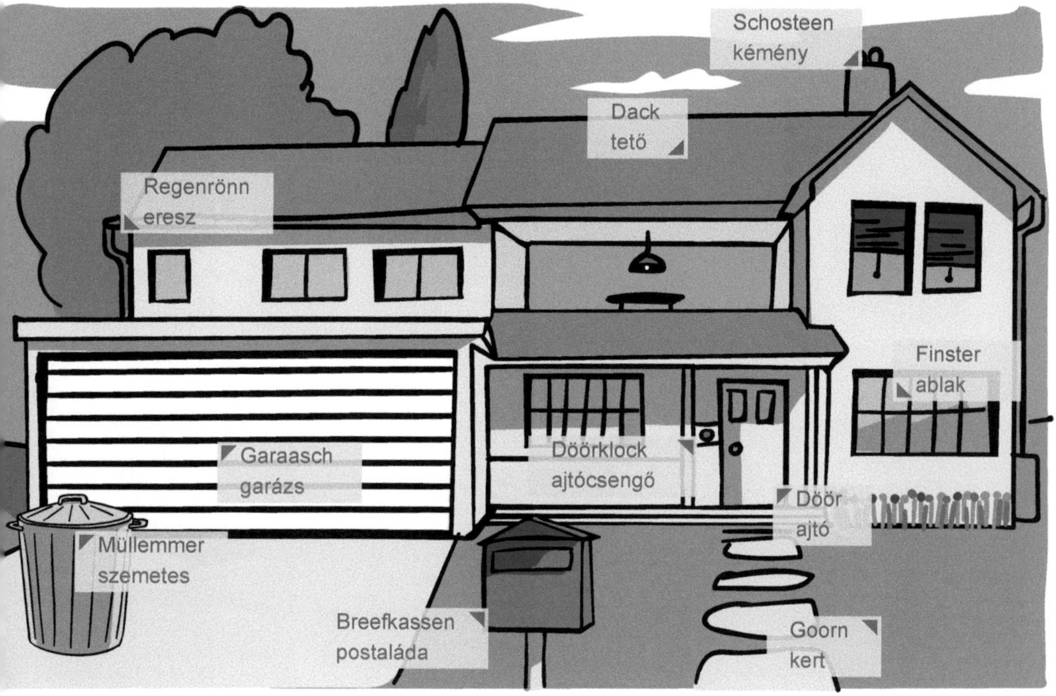
Schosteen
kémény
Dack
tető
Regenrönn
eresz
Finster
ablak
Garaasch
garázs
Döörklock
ajtócsengő
Döör
ajtó
Müllemmer
szemetes
Breefkassen
postaláda
Goorn
kert

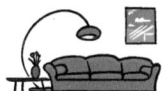

Wahnstuuv

nappali

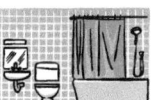

Baadstuuv

fürdőszoba

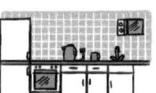

Köök

konyha

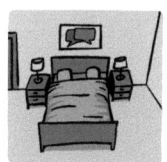

Slaapstuuv

hálószoba

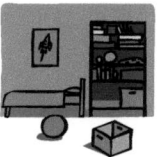

Kinnerstuuv

gyerekszoba

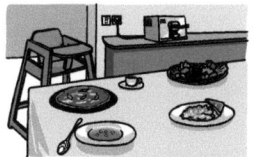

Eetstuuv

ebédlő

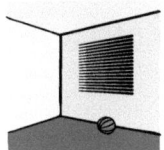

Footbodden

padló

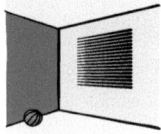

Wand

fal

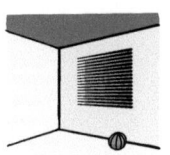

Deek

plafon

Keller

pince

Hittluftbad

szauna

Balkon

erkély

Terrass

terasz

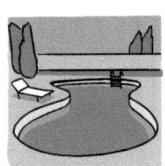

Swümmbad

medence

Rasenmeiher

fűnyíró

Bettbetog

lepedő

Bettdeek

ágytakaró

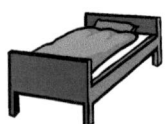

Puuch

ágy

Bessen

seprű

Emmer

vödör

Schalter

kapcsoló

Wahnstuuv
nappali

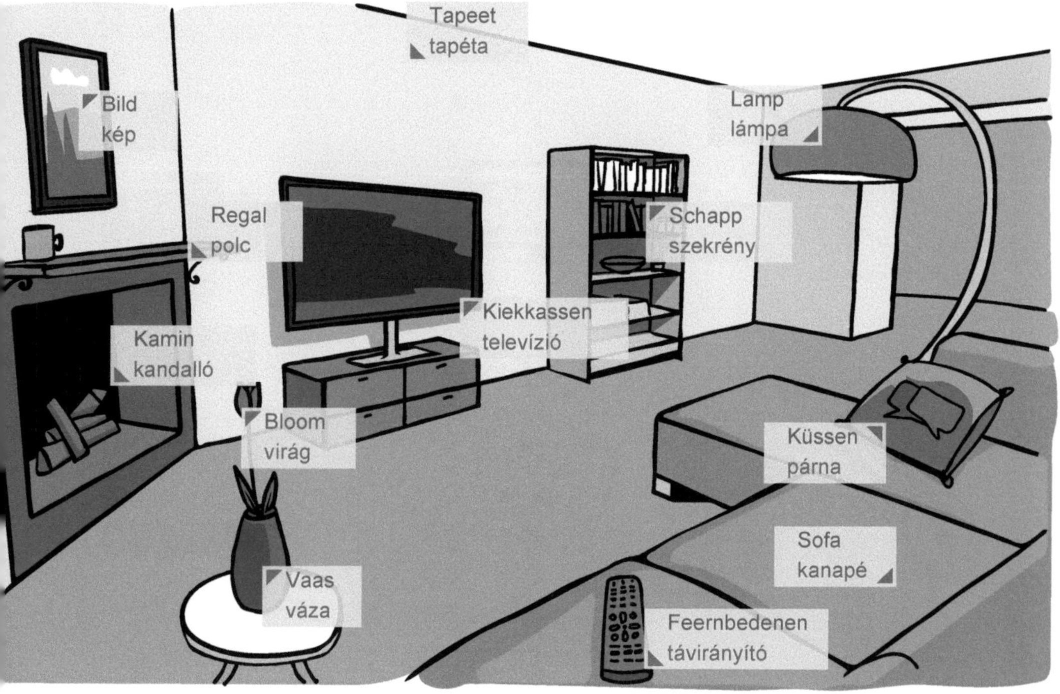

Tapeet
tapéta
Bild
kép
Lamp
lámpa
Regal
polc
Schapp
szekrény
Kiekkassen
televízió
Kamin
kandalló
Bloom
virág
Küssen
párna
Sofa
kanapé
Vaas
váza
Feernbedenen
távirányító

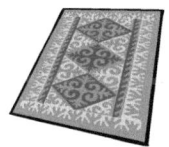

Teppich

szőnyeg

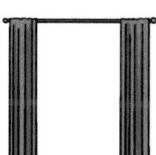

Vörhang

függöny

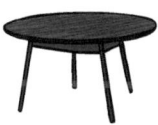

Disch

asztal

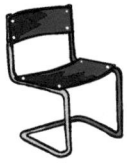

Stohl

szék

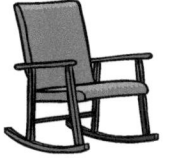

Schuckelstohl

hintaszék

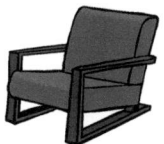

Sessel

karosszék

Book
....
könyv

Deek
....
takaró

Dekoratschoon
....
dekoráció

Füerholt
....
tűzifa

Film
....
film

Stereoanlaag
....
hifi

Slötel
....
kulcs

Narichtenblatt
....
újság

Gemälde
....
festmény

Poster
....
poszter

Radio
....
rádió

Opschrievblock
....
jegyzetfüzet

Huulbessen
....
porszívó

Kaktus
....
kaktusz

Kars
....
gyertya

Köök
konyha

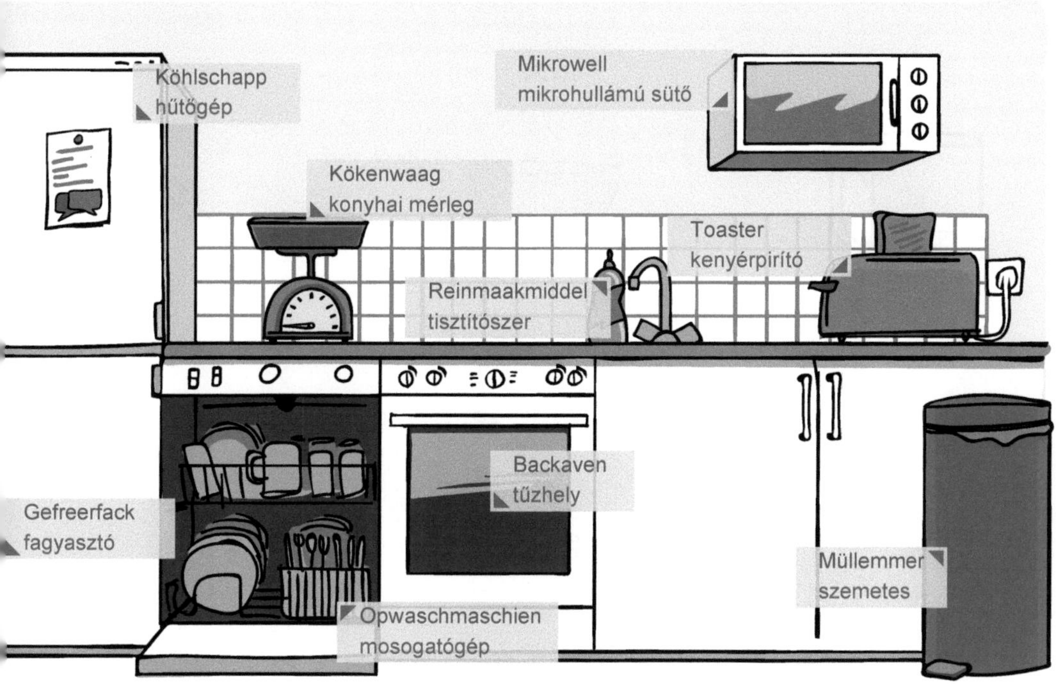
Köhlschapp
hűtőgép
Mikrowell
mikrohullámú sütő
Kökenwaag
konyhai mérleg
Toaster
kenyérpirító
Reinmaakmiddel
tisztítószer
Backaven
tűzhely
Gefreerfack
fagyasztó
Müllemmer
szemetes
Opwaschmaschien
mosogatógép

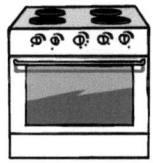

Heerd

tűzhely

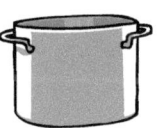

Pott

edény

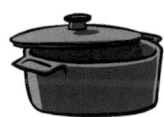

Gussiesern Putt

vasfazék

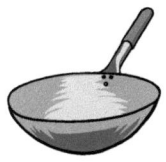

Wok / Kadai

wok / kadai

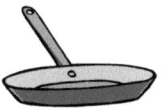

Pann

serpenyő

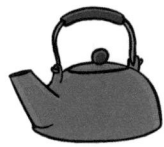

Waterkaker

vízforraló

Dampkaakputt

pároló

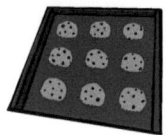

Backblick

tepsi

Geschirr

étkészlet

Beker

bögre

Schaal

tálka

Eetsticken

evőpálcika

Suppenkell

merőkanál

Pannenwenner

keverőlapátka

Sneebessen

habverő

Kaakseef

szűrő

Seef

szita

Riev

reszelő

Mörser

mozsár

Grill

grillsütő

Füerstell

kandalló

Sniedbrett

vágódeszka

Nudelholt

sodrófa

Proppentrecker

dugóhúzó

Doos

doboz

Dosenaapner

konzervnyitó

Pottlappen

edényfogó

Waschbecken

mosogató

Böst

kefe

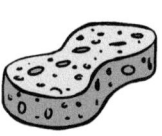

Swamm

szivacs

Mixer

turmixgép

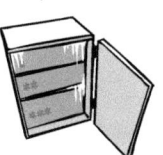

lesschapp

mélyhűtő

Nuckelbuddel

cumisüveg

Waterhahn

csap

Baadstuuv
fürdőszoba

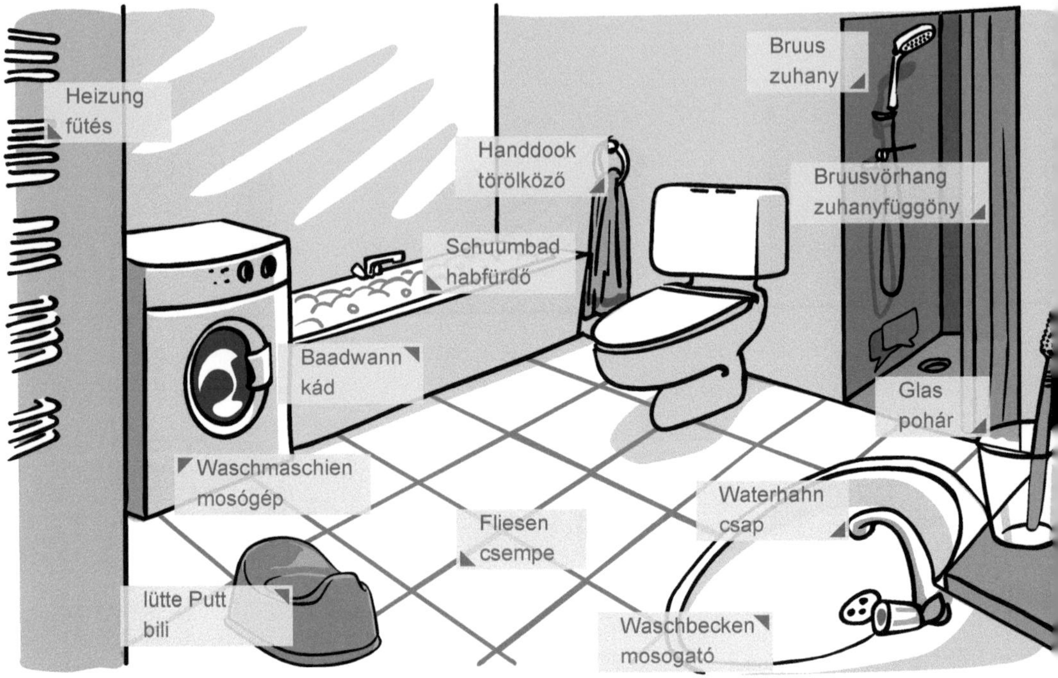
Heizung
fűtés
Bruus
zuhany
Handdook
törölköző
Bruusvörhang
zuhanyfüggöny
Schuumbad
habfürdő
Baadwann
kád
Glas
pohár
Waschmaschien
mosógép
Waterhahn
csap
Fliesen
csempe
lütte Putt
bili
Waschbecken
mosogató

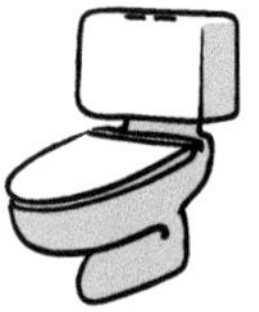

Tante Meier

toalett

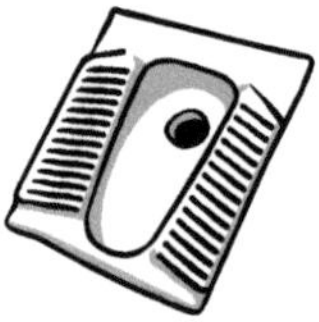

Hockklo

guggolós toalett

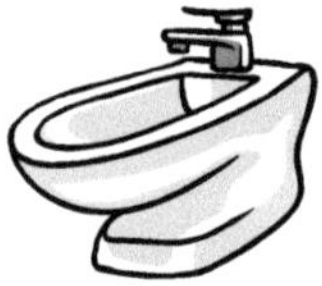

Bidet

bidé

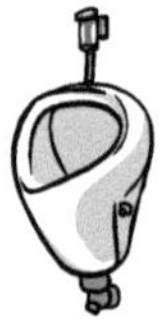

Miegbecken

piszoár

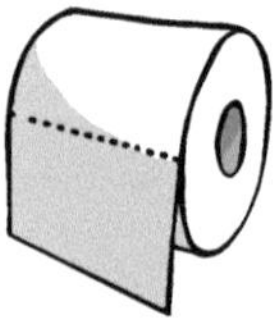

Klopapeer

toalett papír

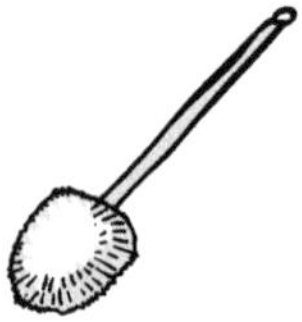

Kloböst

wc kefe

Tähnböst

fogkefe

Tähnpast

fogkrém

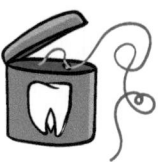

Tähnsied

fogselyem

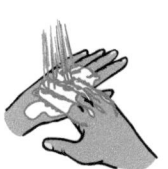

waschen

mosni

Handbruus

kézi zuhany

Intimbruus

intimzuhany

Waschschöttel

mosdótál

Rüchböst

hátmosó kefe

Seep

szappan

Bruusgeel

tusfürdő

Hoorwaschmiddel

sampon

Waschlappen

mosdókesztyű

Afloop

lefolyó

Creme

krém

Deodorant

dezodor

Spegel

tükör

Kosmetikspegel

kézitükör

Raserer

borotva

Raseerschuum

borotvahab

Raseerwater

borotválkozás utáni
arcszesz

Kamm

fésű

Böst

hajkefe

Hoordröger

hajszárító

Hoorspray

hajlakk

Smink

smink

Lippensticken

ajakrúzs

Nagellack

körömlakk

Watt

vatta

Nagelscheer

körömvágó olló

Rüükwater

parfüm

Kulturbüdel

neszesszer

Schemel

sámli

Waag

mérleg

Baadmantel

köntös

Gummihanschen

gumikesztyű

Tampon

tampon

Damenbinn

egészségügyi betét

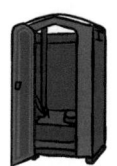

Chemieklo

vegyi WC

Kinnerstuuv

gyerekszoba

Wecker
ébresztő óra
Knudeldeert
plüssállat
Speeltüüchauto
játékautó
Klöter
csörgő
Poppenhuus
babaház
Geschenk
ajándék

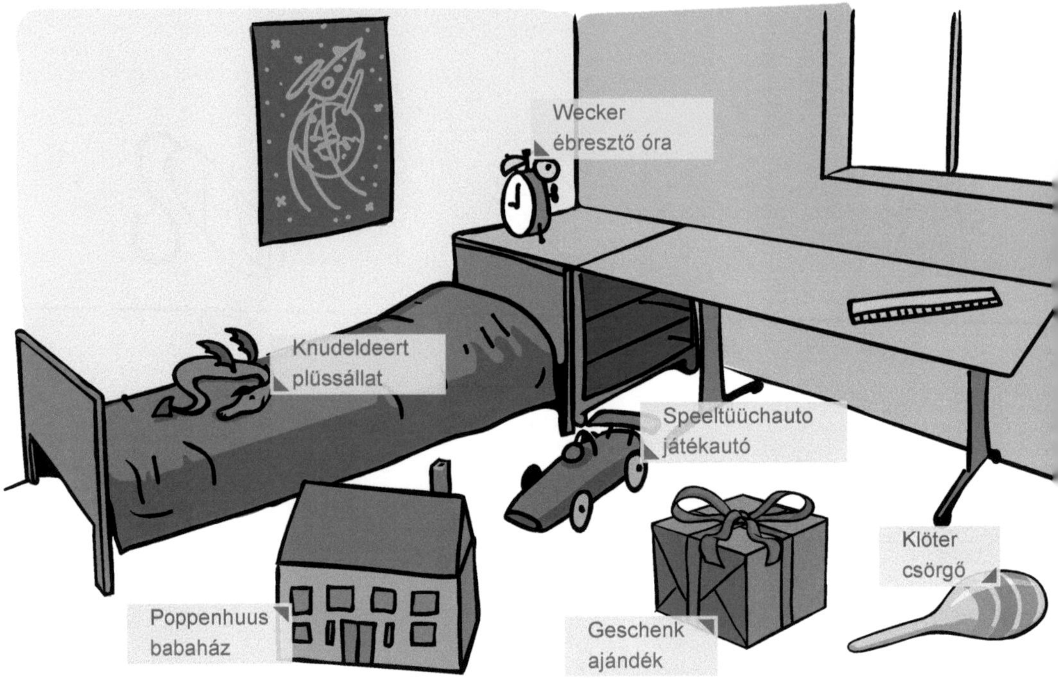

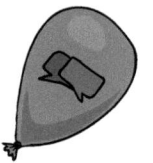

Luftballon

lufi

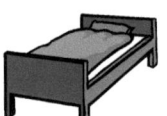

Puuch

ágy

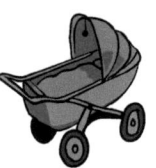

Kinnerwagen

babakocsi

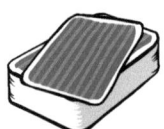

Koortenspeel

kártyapakli

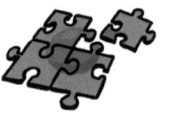

Puzzle

kirakós játék

SUPER
MEGA

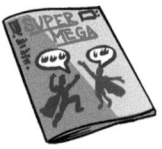

Billergeschicht

képregény

Legostenen

építőkockák

Bustenen

építőelem

Action-Figur

szuperhős

Strampelantog

rugdalózó

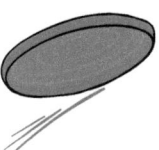

Frisbeeschiev

frizbi

Mobile

zenélő forgó

Brettspeel

társasjáték

Wörpel

kocka

Modelliesenbahn

modellvasút

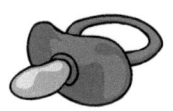

Snuller

cumi

Party

zsúr

Billerbook

képeskönyv

Ball

labda

Popp

baba

spelen

játszani

Sandkassen

homokozó

Schuckel

hinta

Speeltüüch

játékok

Speelkonsool

videójáték konzol

Dreerad

tricikli

Teddyboor

teddi maci

Klederschapp

ruhásszekrény

Tüüch

ruházat

Socken

zokni

Strümp

harisnya

Strumpbüx

harisnyanadrág

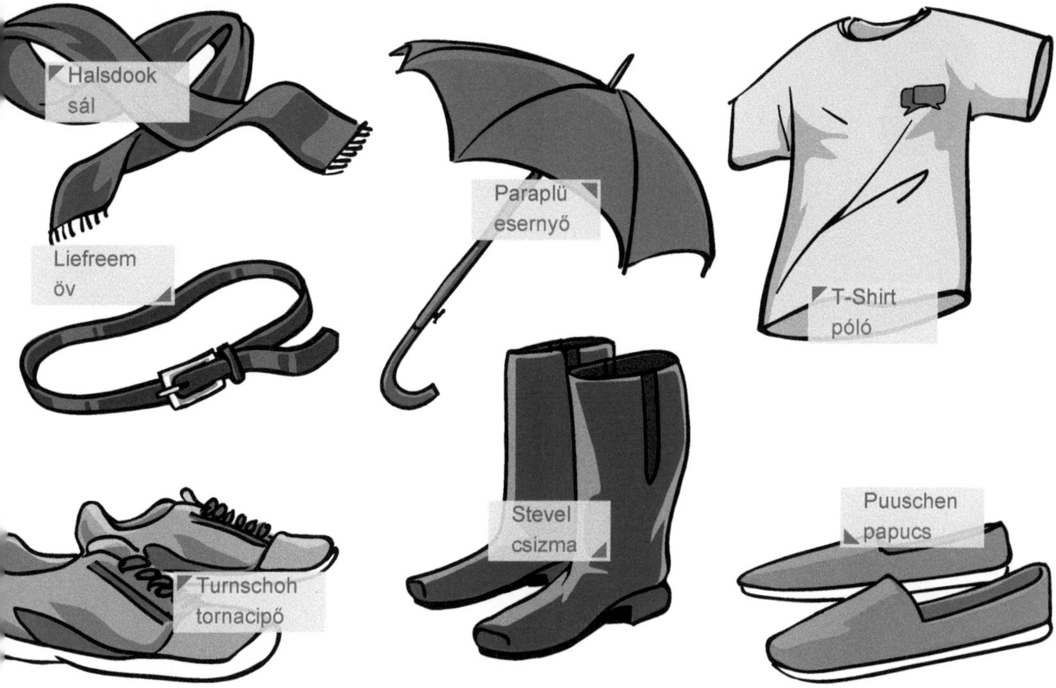

Halsdook
sál

Liefreem
öv

Paraplü
esernyő

T-Shirt
póló

Turnschoh
tornacipő

Stevel
csizma

Puuschen
papucs

Sandalen
szandál

Schoh
cipő

Gummistevel
gumicsizma

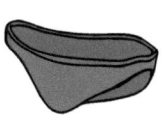

Ünnerbüx
alsónadrág

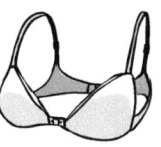

Bostholler
melltartó

Ünnerhemd
mellény

Lief

body

Büx

nadrág

Jeansnüx

farmer

Rock

szoknya

Bluus

blúz

Hemd

ing

Pullover

pulóver

Kapuzenpullover

kapucnis pulóver

Blazer

blézer

Jack

dzseki

Mantel

kabát

Övertrecker

esőkabát

Kostüm

kosztüm

Kleed

ruha

Hochtietskleed

esküvői ruha

Antog

öltöny

Nachtkleed

hálóing

Slaapantog

pizsama

Sari

szári

Koppdook

fejkendő

Turban

turbán

Burka

burka

Kaftan

kaftán

Abaya

abaya

Baadantog

fürdőruha

Baadbüx

fürdőnadrág

Korte Büx

rövidnadrág

Antog to'n Öven

tréningruha

Schört

kötény

Handschoh

kesztyű

Knopp

gomb

Brill

szemüveg

Armband

karkötő

Halskeed

nyaklánc

Ring

gyűrű

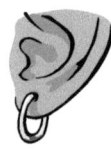

Ohrbummel

fülbevaló

Mütz

sapka

Klederbögel

vállfa

Hoot

kalap

Binner

nyakkendő

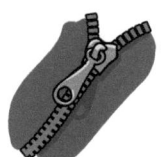

Rietslüter

cipzár

Helm

bukósisak

Drachtband

nadrágtartó

Schooluniform

iskolai egyenruha

Uniform

egyenruha

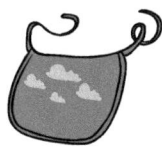

Severböten
....
előke

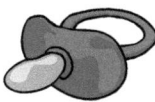

Snuller
....
cumi

Winnel
....
pelenka

Büro
iroda

Server
szerver
Aktenschapp
irattartó szekrény
Drucker
nyomtató
Papeer
papír
Bildschirm
képernyő
Muus
egér
Schrievdisch
íróasztal
Orner
mappa
Knoopboord
billentyűzet
Papeerkorf
papír-hulladék gyűjtő
Computer
számítógép
Stohl
szék

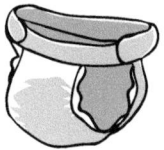

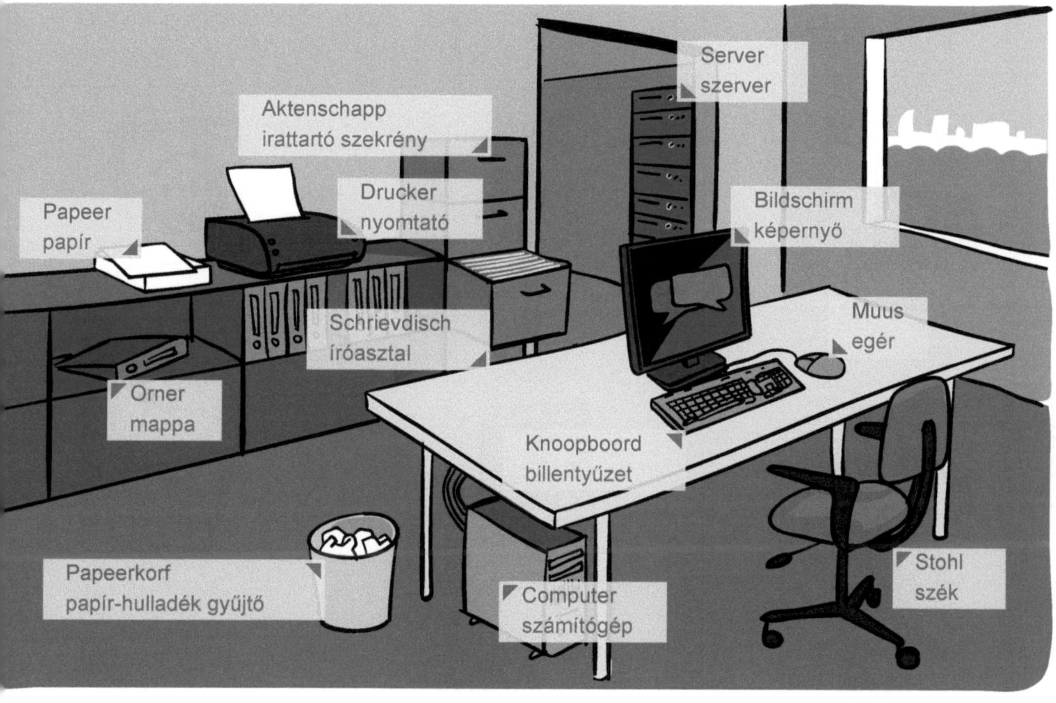

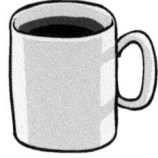

Koffiebeker
....
kávéscsésze

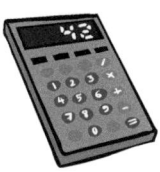

Taschenreekner
....
számológép

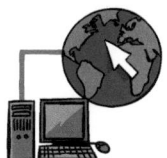

Internet
....
internet

Klappreekner

laptop

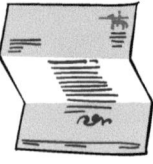

Breef

levél

Naricht

üzenet

Ackersnacker

mobiltelefon

Nettwark

hálózat

Kopeerapparat

fénymásoló

Software

szoftver

Klöönkassen

telefon

Steekdoos

konnektor

Faxapparat

faxgép

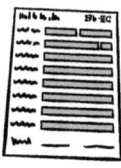

Formulor

formanyomtatvány

Dokument

dokumentum

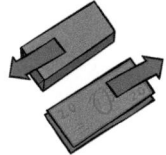

köpen

venni

betahlen

fizetni

hanneln

kereskedni

Geld

pénz

Dollar

dollár

Euro

euró

Yen

jen

Ruvel

rubel

Swiezer Franken

svájci frank

Renminbi Yuan

kínai jüan

Rupie

rúpia

Geldautomat

bankautomata

Wesselstuuv

valutaváltó iroda

Gold

arany

Sülver

ezüst

Ööl

olaj

Energie

energia

Pries

ár

Verdrag

szerződés

Stüer

adó

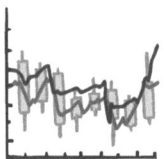

Andeelschien

részvény

arbeiden

dolgozni

Anstellte

munkavállaló

Arbeitgever

munkaadó

Fabrik

gyár

Hökerie

üzlet

Profeschonen
foglalkozások

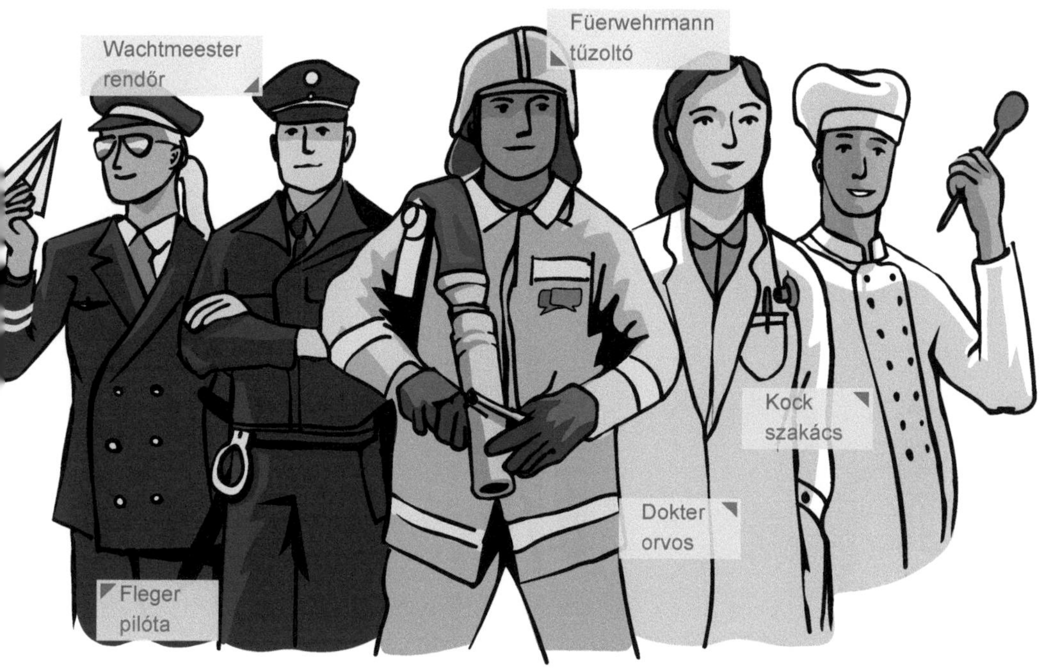
Wachtmeester
rendőr
Füerwehrmann
tűzoltó
Kock
szakács
Dokter
orvos
Fleger
pilóta

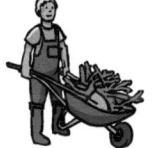

Goorner

kertész

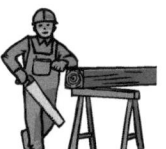

Discher

kárpitos

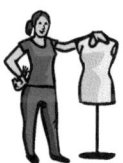

Neihersche

varrónő

Richter

bíró

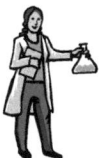

Chemiker

vegyész

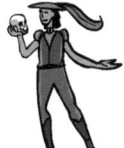

Schauspeler

színész

Busfohrer

buszsofőr

Taxifohrer

taxisofőr

Fischer

halász

Reinmaakfru

bejárónő

Dackdecker

tetőfedő

Kellner

pincér

Jäger

vadász

Maler

festő

Bäcker

pék

Elektriker

villanyszerelő

Buarbeider

építőmunkás

Ingenieur

mérnök

Slachter

hentes

Klempner

vízvezeték-szerelő

Postbüdel

postás

Suldat

katona

Architekt

építész

Kasserer

eladó

Florist

virágos

Putzbüdel

fodrász

Schaffner

kalauz

Mechaniker

műszerész

Kaptein

kapitány

Tähndokter

fogorvos

Wetenschopler

tudós

Rabbi

rabbi

Imam

imám

Mönk

szerzetes

Paap

lelkész

Warktüüch
szerszámok

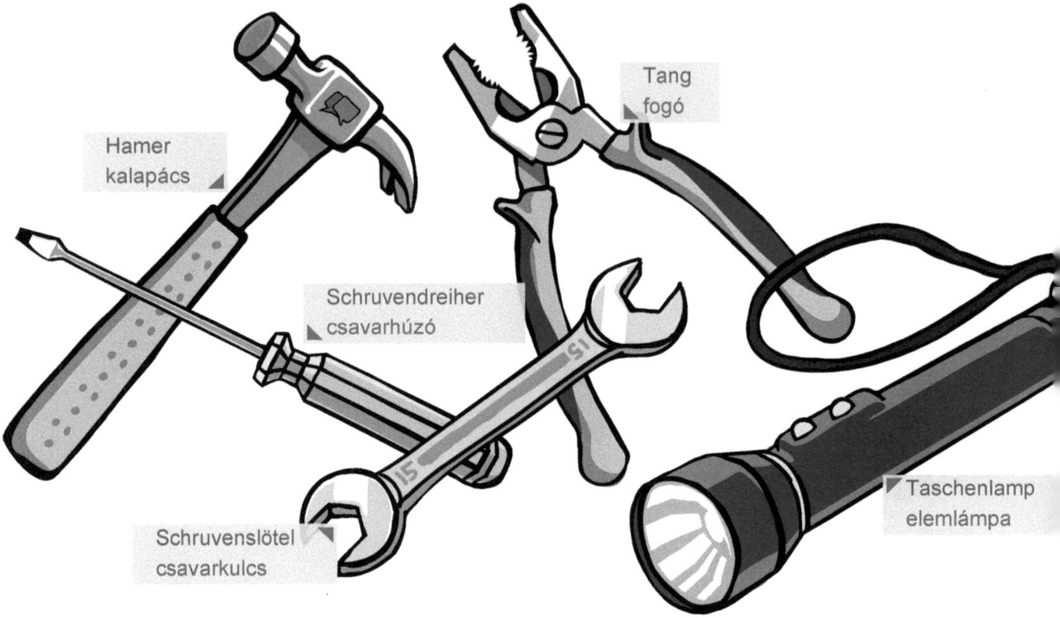
Hamer
kalapács
Tang
fogó
Schruvendreiher
csavarhúzó
Schruvenslötel
csavarkulcs
Taschenlamp
elemlámpa

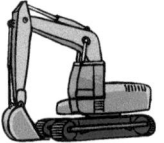

Grieper
....
markológép

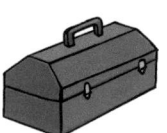

Warktüüchkassen
....
szerszámosláda

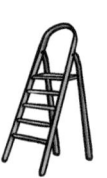

Ledder
....
vödör

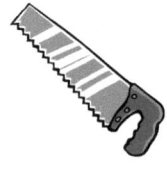

Saag
....
fűrész

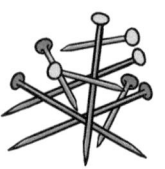

Nagels
....
szög

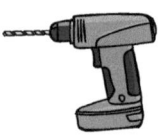

Bohrer
....
fúrógép

heelmaken

megjavítani

Schüffel

lapát

Schiet!

A francba!

Kehrblick

szemétlapát

Farvpott

festékesdoboz

Schruven

csavar

Musikinstrumenten
hangszerek

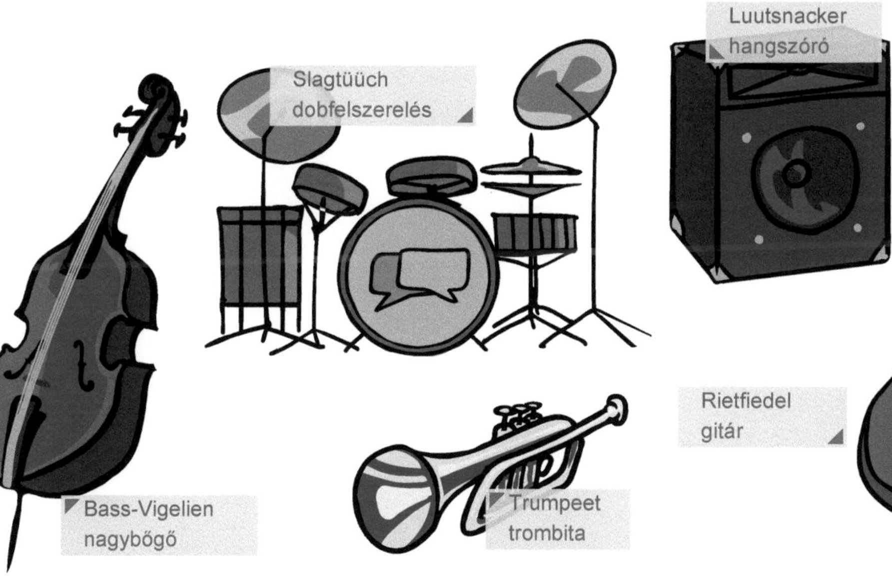

Luutsnacker
hangszóró

Slagtüüch
dobfelszerelés

Rietfiedel
gitár

Bass-Vigelien
nagybőgő

Trumpeet
trombita

Klaveer

zongora

Vigelien

hegedű

Bass

basszusgitár

Pauk

üstdob

Trummeln

dobok

Keyboard

digitális zongora

Saxophon

szaxofon

Fleut

fuvola

Mikrofoon

mikrofon

Musikinstrumenten - hangszerek

Deertenpark
állatkert

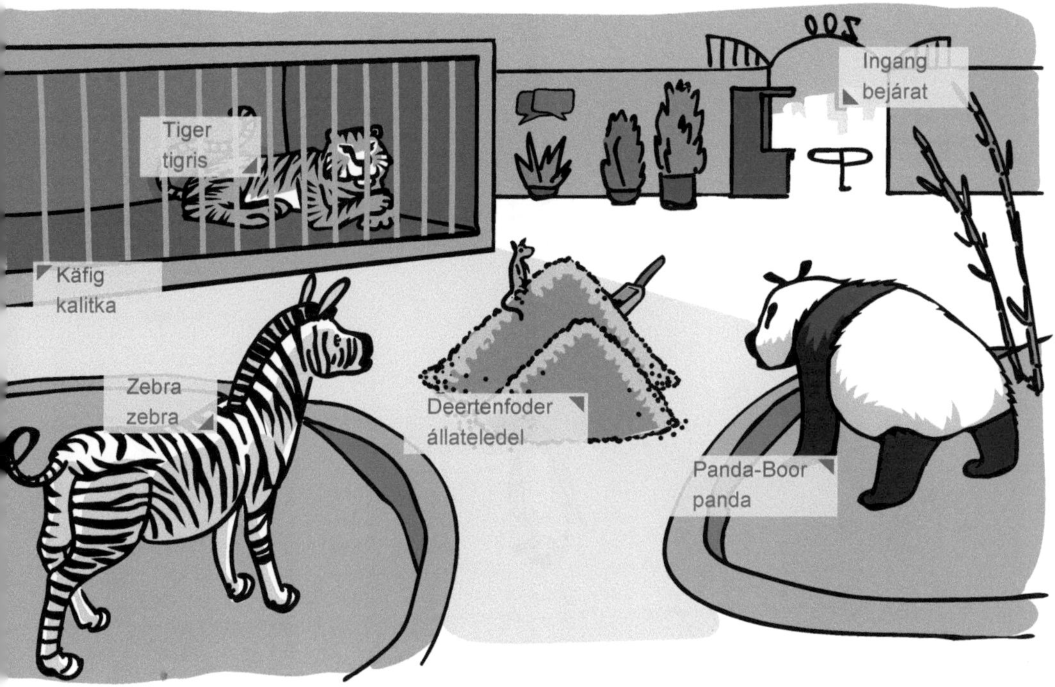

Ingang
bejárat
Tiger
tigris
Käfig
kalitka
Zebra
zebra
Deertenfoder
állateledel
Panda-Boor
panda

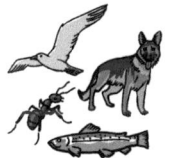

Deerten

állatok

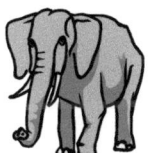

Elefant

elefánt

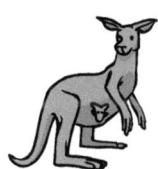

Känguru

kenguru

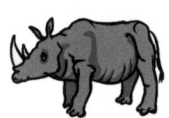

Neeshoorn

orrszarvú

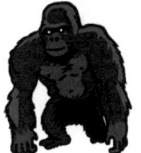

Gorilla

gorilla

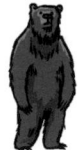

Boor

medve

Kameel

teve

Struuß

strucc

Lööv

oroszlán

Aap

majom

Flamingo

flamingó

Papagoi

papagáj

Iesboor

jegesmedve

Pinguin

pingvin

Haifisch

cápa

Pageluun

páva

Slang

kígyó

Krokodil

krokodil

Oppasser in'n Deertenpark

állatgondozó

Saalhund

fóka

Jaguor

jaguár

Pony

póniló

Leopard

leopárd

Nilpeerd

víziló

Giraff

zsiráf

Aadler

sas

Wildswien

vaddisznó

Fisch

hal

Schildkrööt

teknős

Walross

rozmár

Voss

róka

Gazell

gazella

Sport

sportok

Amerikaansch Football
amerikai futball

Radfohren
kerékpározás

Tennis
tenisz

Korfball
kosárlabda

Swümmen
úszás

Boxen
boksz

Ieshockey
jégkorong

Football
futball

Fedderball
tollas

Leichtathletik
atlétika

Handball
kézilabda

Skilopen
síelés

Polo
lovaspóló

Aktivitäten
tevékenységek

lachen
nevetni
springen
ugrani
ümarmen
ölelni
gahn
sétálni
singen
énekelni
drömen
álmodni
beden
dicsérni
snuteln
csókolni

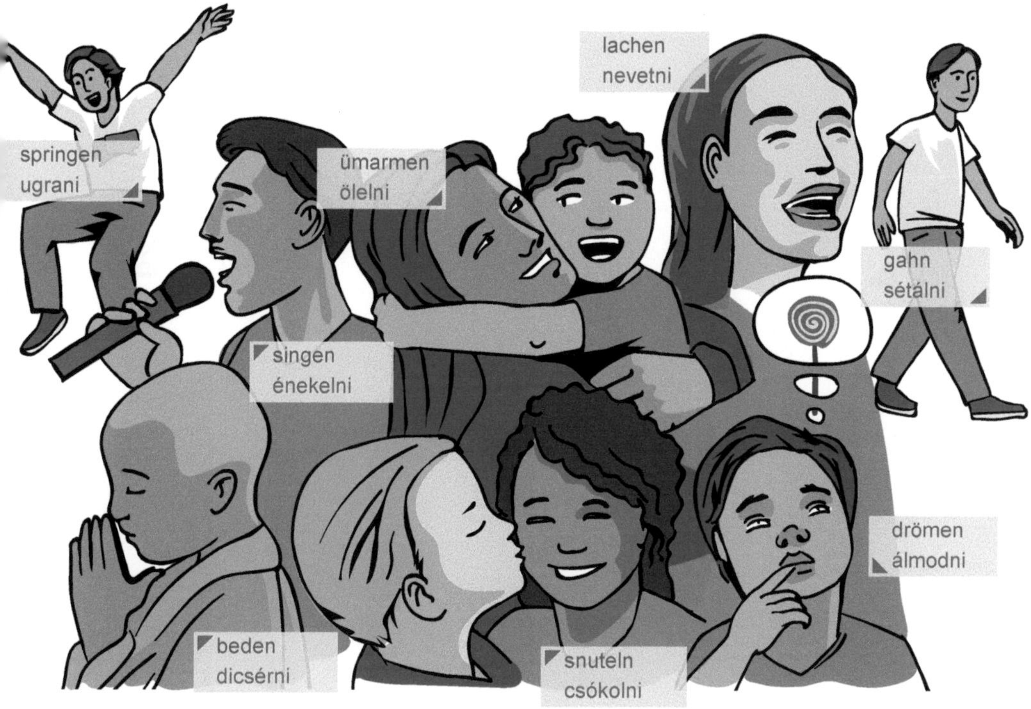

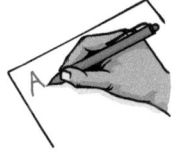

schrieven
írni

teken
rajzolni

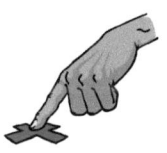

wiesen
mutatni

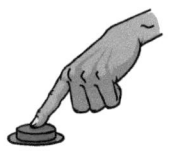

drücken
tolni

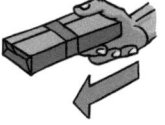

geven
adni

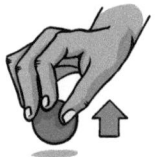

nehmen
vinni

hebben

birtokolni

doon

csinálni

sien

lenni

stahn

állni

lopen

futni

trecken

húzni

smieten

hajít

fallen

esni

liggen

hazudni

töven

várni

dregen

vinni

sitten

ülni

antrecken

felvenni

slapen

aludni

opwaken

felébredni

ankieken

ránézni

wenen

sírni

eien

simogat

kämmen

fésülni

snacken

beszélni

verstahn

megérteni

fragen

kérdezni

hören

hallgatni

drinken

inni

eten

enni

oprümen

takarítani

leefhebben

szeretni

kaken

főzni

fohren

vezetni

flegen

szállni

segeln
vitorlázni

reken
számol

lesen
olvasni

lehren
tanulni

arbeiden
dolgozni

de Plünnen tohoopsmieten
házasodni

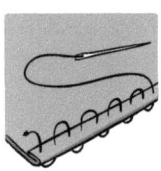

neihen
varrni

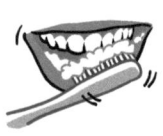

Tähnen putzen
fogat mosni

dootmaken
ölni

smöken
dohányozni

schicken
küldeni

Grootmoder
nagymama

Grootvadder
nagypapa

Vadder
apa

Moder
anya

Winnelkind
kisbaba

Dochter
lány

Söhn
fiú

Gast

vendég

Tant

nagynéni

Unkel

nagybácsi

Broder

fiútestvér

Süster

lánytestvér

Lief
test

Vörkopp
homlok
Oog
szem
Schuller
váll
Finger
ujj
Gesicht
arc
Kinn
áll
Hand
kéz
Been
láb
Bost
mell
Arm
kar

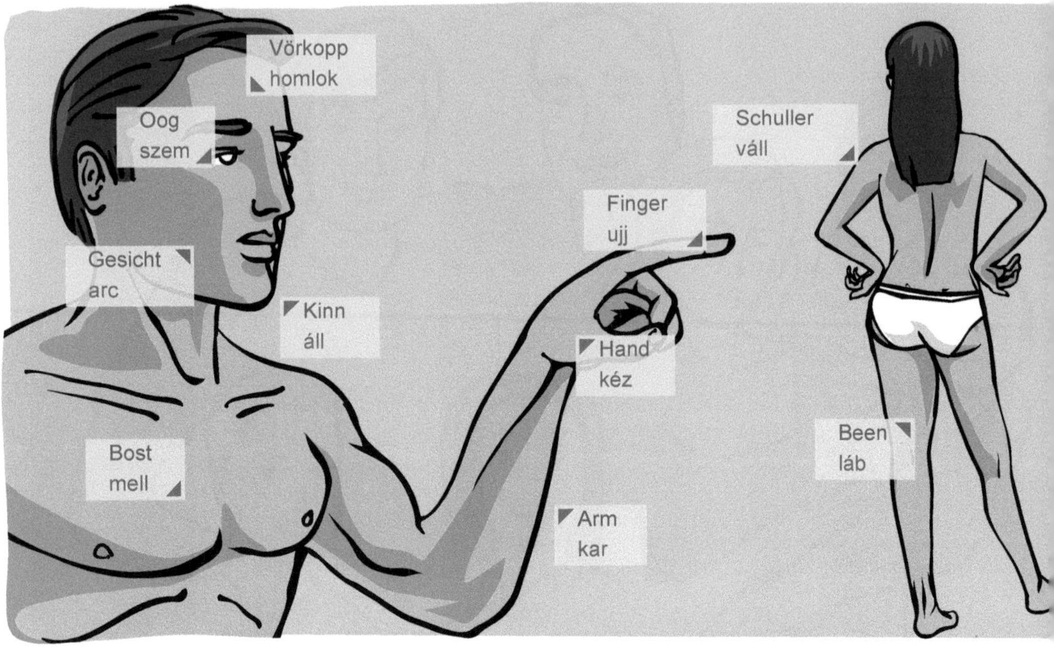

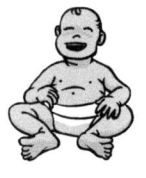

Winnelkind

kisbaba

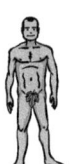

Mann

ember

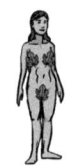

Fro

nő

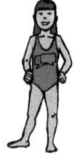

Deern

lány

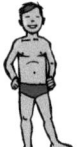

Jung

fiú

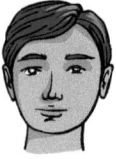

Arm

fej

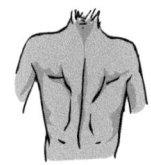

Rüch

hát

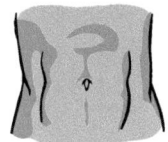

Buuk

has

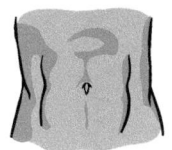

Navel

köldök

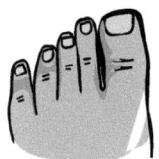

Teh

lábujj

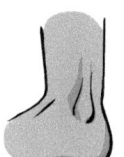

Hack

sarok

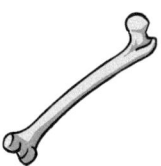

Knaken

csont

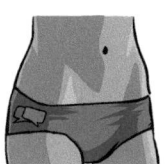

Hüft

csípő

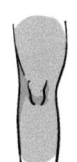

Knee

térd

Ellbagen

könyök

Nees

orr

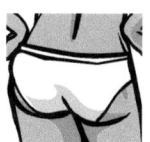

Achtersen

fenék

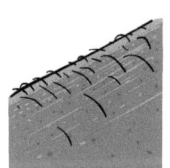

Huut

bőr

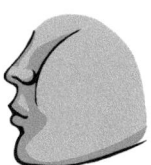

Back

orca

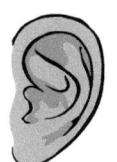

Ohr

fül

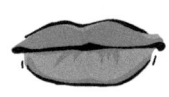

Lipp

ajak

Mund

száj

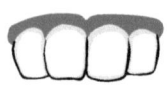

Tähn

fog

Tung

nyelv

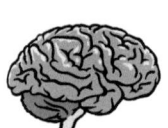

Bregen

agy

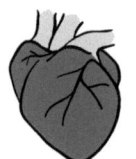

Hart

szív

Muskel

izom

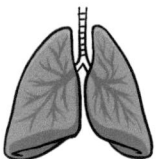

Lung

tüdő

Lever

máj

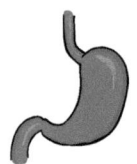

Maag

gyomor

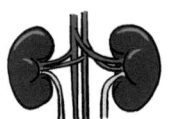

Neren

vese

Bislaap

szex

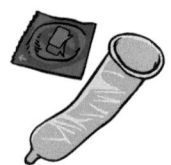

Kondoom

kondom

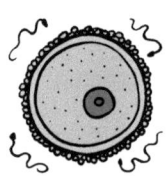

Eizell

petesejt

Sperma

sperma

Anner Ümstänn

terhesség

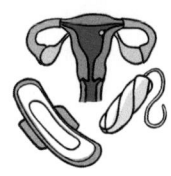

Menstruatschoon

menstruáció

Scheed

vagina

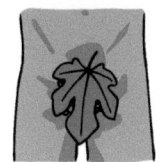

Pint

pénisz

Ogenbroe

szemöldök

Hoor

haj

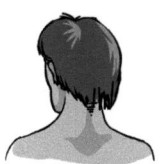

Hals

nyak

Krankenhuus

kórház

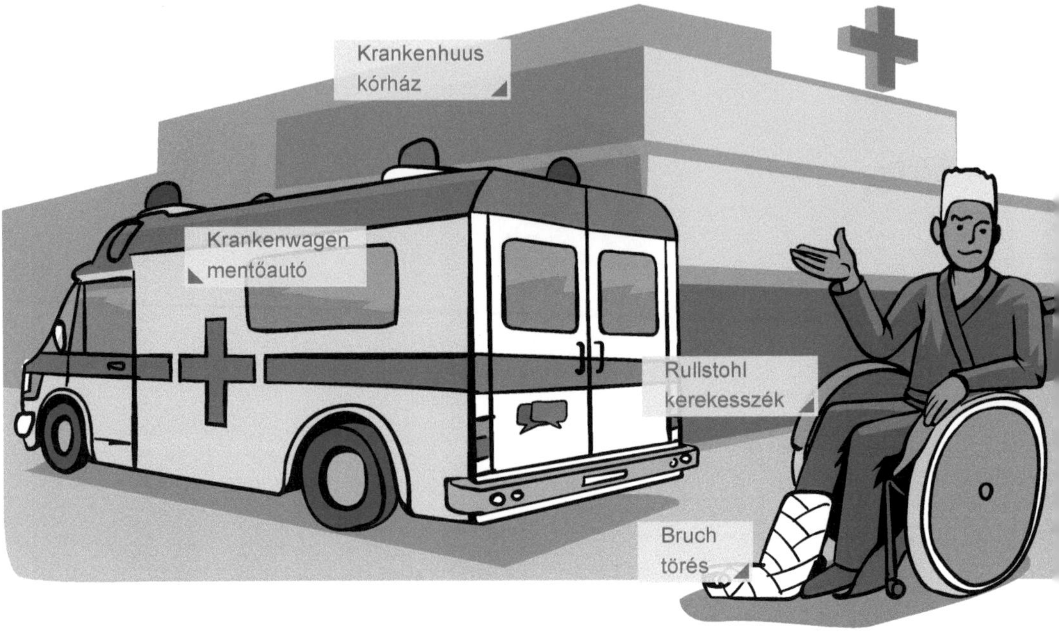

Krankenhuus
kórház
Krankenwagen
mentőautó
Rullstohl
kerekesszék
Bruch
törés

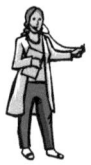

Dokter

orvos

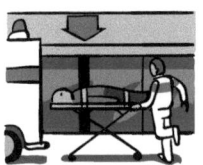

Nootopnahm

sürgősségi osztály

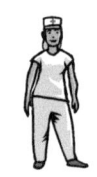

Krankensüster

ápoló

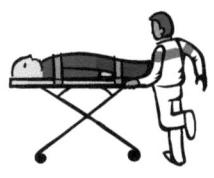

Nootfall

vészhelyzet

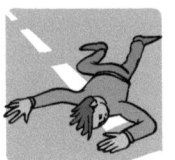

ahnmächtig

eszméletlen

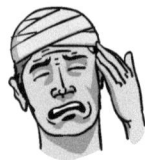

Wehdaag

fájdalom

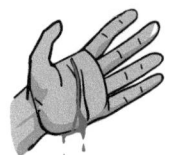

Verwunnen

sérülés

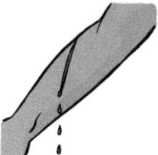

Blöden

vérzés

Hartinfarkt

szívroham

Slaganfall

szélütés

Allergie

allergia

Hoosten

köhögés

Fever

láz

Gripp

influenza

Dörchfall

hasmenés

Koppwehdaag

fejfájás

Kreeft

rák

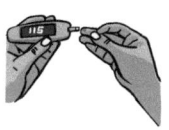

Zuckersüük

cukorbetegség

Chirurg

sebész

Chirurgsch Mess

szike

Operatschoon

műtét

CT
CT

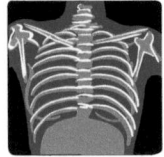

Dörchlüchten
röntgen

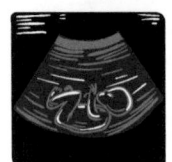

Ultraschall
ultrahang

Mask
arcmaszk

Krankheit
betegség

Töövruum
váróterem

Krück
mankó

Plaaster
sebtapasz

Verband
kötszer

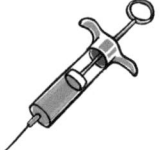

Insprütten
injekció

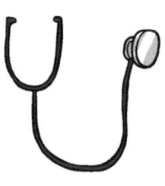

Stethoskop
sztetoszkóp

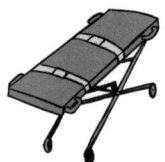

Draag
hordágy

Feverthermometer
klinikai hőmérő

Geboort
születés

Övergewicht
túlsúly

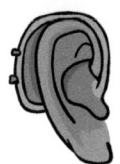

Höörapparat

hallókészülék

Kiemfriemiddel

fertőtlenítőszer

Ansteken

fertőzés

Virus

vírus

HIV / AIDS

HIV/AIDS

Heelmiddel

orvosság

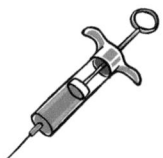

Impen

oltás

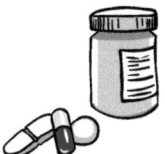

Tabletten

tabletták

Pill

tabletta

Nootroop

sürgősségi hívás

Blootdruck-Meter

vérnyomásmérő

krank / gesund

betegség / egészség

Hölp!

Segítség!

Alarm

riasztás

Överfall

rajtaütés

Angreep

támadás

Gefohr

veszély

Nootutgang

vészkijárat

Füer!

tűz!

Füerlöscher

tűzoltókészülék

Unfall

baleset

Noothölpkoffer

elsősegélycsomag

SOS

SOS

Polizei

rendőrség

Europa

Európa

Noordamerika

Észak-Amerika

Süüdamerika

Dél-Amerika

Afrika

Afrika

Asien

Ázsia

Australien

Ausztrália

Atlantik

Atlanti-óceán

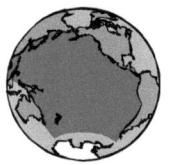

Pazifik

Csendes-óceán

Indisch Weltmeer

Indiai-óceán

Antarktisch Weltmeer

Déli-óceán

Arktisch Weltmeer

Jeges-tenger

Noordpol

Északi-sark

Süüdpol

Déli-sark

Antarktis

Antarktisz

Eerd

föld

Land

szárazföld

See

tenger

Eiland

sziget

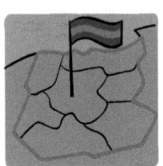

Natschoon

nemzet

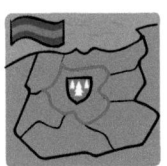

Staat

állam

Tallenblatt

számlap

Stunnenwieser

kismutató

Minutenwieser

nagymutató

Sekunnenwieser

másodpercmutató

Wo laat is dat?

Mennyi az idő?

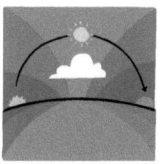

Dag

nap

Tiet

idő

nu

most

digetaalsch Klock

digitális óra

Minuut

perc

Stunn

óra

Week

hét

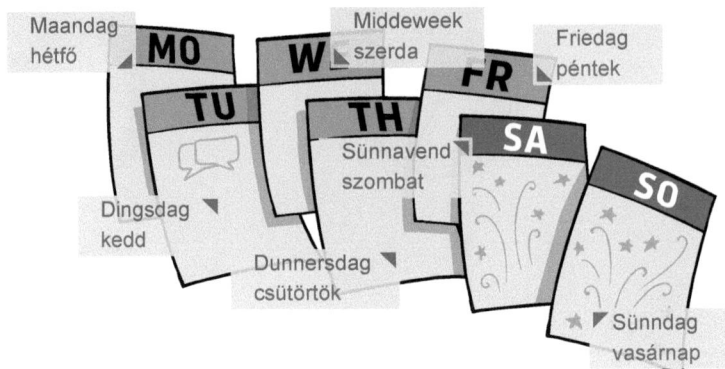

Maandag — hétfő
Middeweek — szerda
Friedag — péntek
Dingsdag — kedd
Dunnersdag — csütörtök
Sünnavend — szombat
Sünndag — vasárnap

güstern
tegnap

hüüt
ma

morgen
holnap

Morgen
reggel

Meddag
dél

Avend
este

MO	TU	WE	TH	FR	SA	SU
1	2	3	4	5	6	7
8	9	10	11	12	13	14
15	16	17	18	19	20	21
22	23	24	25	26	27	28
29	30	31	1	2	3	4

Arbeitsdaag
hétköznap

MO	TU	WE	TH	FR	SA	SU
1	2	3	4	5	6	7
8	9	10	11	12	13	14
15	16	17	18	19	20	21
22	23	24	25	26	27	28
29	30	31	1	2	3	4

Wekenenn
hétvége

Johr
év

Regen
eső
Regenbagen
szivárvány
Snee
hó
Wind
szél
Fröhjohr
tavasz
Harvst
ősz
Sommer
nyár
Winter
tél

4.APRIL 11°
5.APRIL 4°
6.APRIL 13°
7.APRIL 8°
8.APRIL 10°

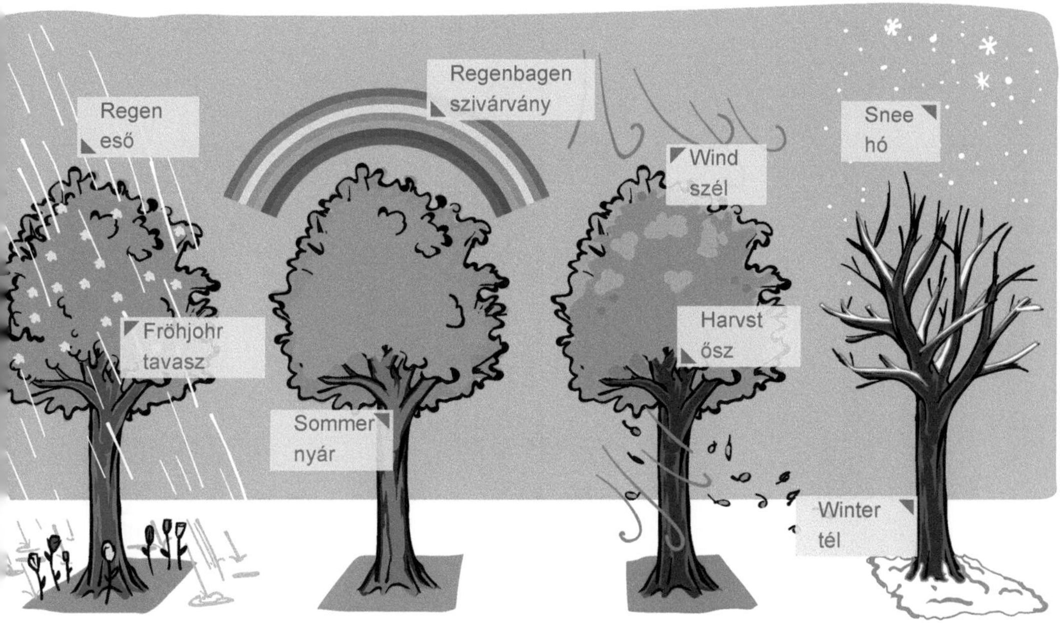

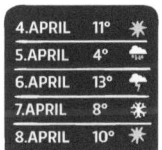

Wedervörhersaag

időjárás előrejelzés

F C
120 40
90 30
60 20
30 10
0 0
-30 -10
-20

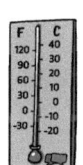

Thermometer

hőmérő

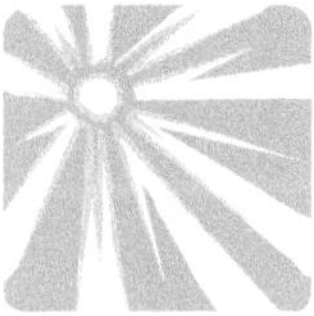

Sünnenschien

napsütés

Wulk

felhő

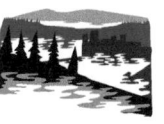

Nevel

köd

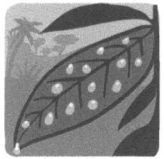

Luftfuchtigkeit

páratartalom

Blitz

villámlás

Dunner

mennydörgés

Storm

vihar

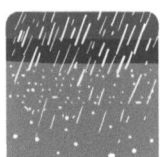

Hagel

jégeső

Monsun

monszun

Floot

áradás

Ies

jég

Januormaand

január

Februormaand

február

Martmaand

március

Aprilmaand

április

Maimaand

május

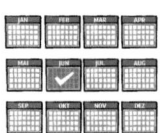

Junimaand

június

Julimaand

július

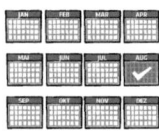

Augustmaand

augusztus

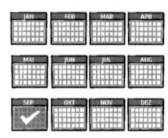

Septembermaand

szeptember

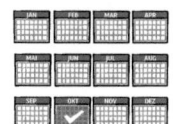

Oktobermaand

október

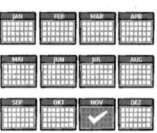

Novembermaand

november

Dezembermaand

december

Krink

kör

Quadrat

négyzet

Rechteck

téglalap

Dreeeck

háromszög

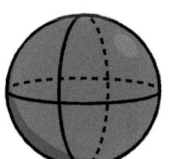

Kugel

gömb

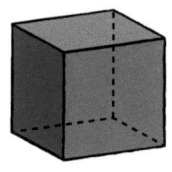

Wörpel

kocka

Farven

színek

witt
....
fehér

geel
....
sárga

orangsch
....
narancs

pink
....
rózsaszín

root
....
piros

lila
....
lila

blau
....
kék

gröön
....
zöld

bruun
....
barna

gries
....
szürke

swart
....
fekete

veel / wenig

sok / kevés

böös / verdreeglich

mérges / nyugodt

smuck / mies

szép / csúnya

Begünn / Enn

kezdet / vég

groot / lütt

nagy / kicsi

hell / düüster

világos / sötét

Broder / Süster

fivér / nővér

schier / schietig

tiszta / koszos

kumpleet / nich kumpleet

teljes / nem teljes

Dag / Nacht

nappal / éjszaka

doot / lebennig

halott / élő

breet / small

széles / keskeny

geneetbor / nich geneetbor

ehető / nem ehető

böös / fründlich

gonosz / kedves

fickerig / langwielt

izgatott / unott

dick / dünn

kövér / vékony

toeerst / toletzt

első / utolsó

Fründ / Fiend

barát / ellenség

vull / leddig

teli / üres

hart / week

kemény / puha

swoor / licht

nehéz / könnyű

Smacht / Döst

éhség / szomjúság

krank / gesund

betegség / egészség

nich na't Recht / na't Recht

illegális / legális

klook / dummerhaftig

intelligens / buta

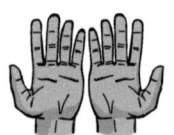

linkerhand / rechterhand

bal / jobb

neeg / feern

közel / távol

nieg / bruukt

új / használt

nix / wat

semmi / valami

oolt / jung

idős / fiatal

an / ut

be / ki

apen / slaten

nyitva / zárva

lies / luut

csendes / hangos

riek / arm

gazdag / szegény

richtig / verkehrt

helyes / helytelen

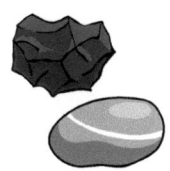

ruug / glatt

érdes / sima

trurig / glücklich

szomorú / vidám

kort / lang

rövid / hosszú

suutje / flink

lassú / gyors

natt / drөög

nedves / száraz

warm / köhl

meleg / hideg

Krieg / Freden

háború / béke

0	**1**	**2**
null	een	twee
nulla	egy	kettő

3	**4**	**5**
dree	veer	fief
három	négy	öt

6	**7**	**8**
söss	söven	acht
hat	hét	nyolc

9	**10**	**11**
negen	teihn	ölven
kilenc	tíz	tizenegy

12
twölf
tizenkettő

13
dörteihn
tizenhárom

14
veerteihn
tizennégy

15
föffteihn
tizenöt

16
sössteihn
tizenhat

17
söventeihn
tizenhét

18
achtteihn
tizennyolc

19
negenteihn
tizenkilenc

20
twintig
húsz

100
hunnert
száz

1.000
dusend
ezer

1.000.000
million
millió

Engelsch

angol

Amerikaansch Engelsch

amerikai angol

Chineesch Mandarin

mandarin kínai

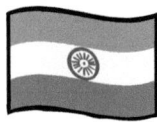

Hindi

hindi

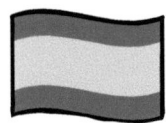

Spaansch

spanyol

Franzöösch

francia

Araabsch

arab

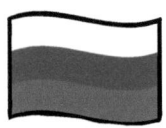

Rusch

orosz

Portugiesch

portugál

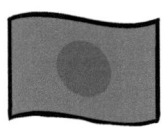

Bengaalsch

bengáli

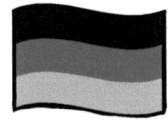

Düütsch

német

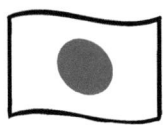

Japaansch

japán

ik

én

du

te

he / se / dat

ő

wi

mi

ji

ti

se

ők

keen?

ki?

wat?

mi?

woans?

hogyan?

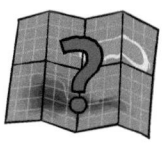

woneem?

hol?

wannehr?

mikor?

Naam

név

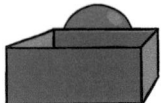

achter

mögött

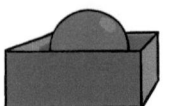

in

benne

vör

elötte

över

felette

op

rajta

ünner

alatta

blangen

mellett

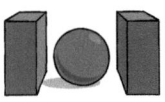

twüschen

között

Oort

hely